JN439703

흐르는 강

박후식 시집

문학의전당 시인선
148

흐르는 강

박후식 시집

문학의전당

시인의 말

누군가 그리울 때가 있다.
그럴 때는 역(域) 너머
안개 속 미루나무를 응시한다. 비로소 거기
우리의
둥지가 있음을 본다.

2013년 1월
박후식

차례

제2부 첫눈

제3부 달빛여행

제4부 소라껍질

제1부 흐르는 강

시의 바다

한번은 묻고 싶었다
풀에게
나무에게
강물에게 저 하늘에게
네가 무엇이냐고 묻고 싶었다
너의 실체는 무엇이며
그 속살은 무엇으로 차 있는지 묻고 싶었다
평생 너의 길을 걸으면서 걸어오면서
한번은 묻고 싶었다
소월의 눈물이
이상의 자의식이
천상병의 마지막 순수가
그리고 알 수 없는 무수한 별들의 부침이
무엇을 말해주고 있는지 묻고 싶었다
헐리고 쫓기고 갈 곳이 없는데도
네가 할 수 있는 일이 무엇이냐고 묻고 싶었다
한번은 묻고 싶었다

10월이 오면

너도 기다리고 있었구나

나무 밑에 앉아
먼 하늘 바라보고 있는 것이,

'기장쌀 몇 주먹 시렁 위에 남겨두고
어머니 제삿날에 꼭 찾아오겠다던 열다섯 소녀가
칠순이 돼서야
고향땅을 찾았다는 온정리 할머니'

너도 그렇게 기다리며 있었구나

10월이 오면
금강산 만경다리*에서 만난
이름 모를 할머니…

---

* 금강산 구룡연계곡의 네 번째 다리

우리 같이 가자

해 저물어도 우리 같이 가자
눈물 말라 지워지고 없어도 우리 같이 가자
행복한 빵 만들라고
너희들 같이 가라고
선생님 손 끌어 간곡히 말씀하지 않았느냐
찢고 싸우면 남는 것이 무어냐
우리 같이 가자
문화는 달라도 애비는 같지 않느냐
언제까지 싸우며 엉뚱한 살해를 꿈꾸어야 하느냐
굴뚝자본 넘보며 싸우기만 할 것이냐
우리 같이 가자
해 저물어도 우리 같이 가자

강변에 가서

우리 강변에 가서
더 늦기 전에 강변으로 가서
거기 있다가 우리 거기 있다가
안개 자욱한 날
잊고 살았던 묵은 향수를 그려도 보고
푹푹 달려오는 기차가 있으면 문 열어 들게 하고
유난히 별들이 맑고 고운 밤엔
저마다 짐 내려두고 하늘을 쳐다보다가
그러다가 우리 그러다가
모두 강변으로 내려가서 발을 담그면
무수한 별들 우릴 알아볼까
찢기고 멍든 가슴 조금은 풀릴까

눈물

밤에 피는 풀꽃
그 해맑은 눈물을 보았는가
새벽이 돼서야 돌아가는
골목 끝 외등, 그 희미한 등불 아래 떨어진
고달픈 노동의 눈물을 보았는가
우리의 먼 곳에서
굶어 죽어가는 불쌍한 소년의
끔벅이는 머룻빛 그 눈물을 보았는가
그리고 부모를 살해한, 그 못난
돈의 무섭고 어두운 우리의 말세를 보았는가
우리는 어디쯤 가고 있는가
밤의 이슬을 받아먹고
녹슨 철책 아래 혼자 피고 지는 풀꽃
그 이름 모를 풀꽃에서
잊었던 우리의 눈물을 생각해 보았는가
목멘 풀벌레소리를 들어보았는가

흐르는 강

누군가 그리울 때는
강가에 나가 산의 그림자가 있는
그 옆에 앉아보자
웃는 일도 우는 일도 다 멈추고
무심히 흐르는 저 강심을,
쭈그리고 앉아
풀잎 하나 뜯어 물거나
갈라진 돌멩이 주워 강물 위에 날리다보면
뿅뿅뿅 저만큼 날아가 사라지는 것을…

어릴 적 친구의 모습이었다가
강둑을 돌아나가는
한 소녀의 영상이었다가
한없이 젖어드는 또 다른 슬픈 얼굴이
강물 위에 섞여 저리 흐르는 것은
오랜 세월 다지고 굽이치면서
버릴 것 다 버리고
사랑의 유속으로 저리 흐를 수 있는 것은

또 누구의 눈물이랴

강가에 앉으면
문득문득 떠오르는 것은
다하지 못한 아픔이
산의 그림자처럼 가까이 와 있음을 알면서도
강물이 저리 흐르는 것을 보면
세월을 넘어 굽이굽이 흐르는 것을 보면
저를 또 어쩌랴!
누군가 그리울 때는
강가에 나가 그 옆에 앉아보자

가을노트

가을이 오기 전에
가을을 떠났네

코스모스 간간히
머문 곳,
충주호의 가파른 산길을 따라
그 슬픈 계곡을 따라
우리네 할아비와 할미들이
마을을 일구고
눈물로 가꾼 곳

오늘은 유람선을 타고
장회나루에서 청풍나루까지

가을이 오기 전에
가을을 떠났네

어제는 문경새재에서

황톳길 같은 포근한 오솔길을
수풀나무 우거진 옛길을
발목이 시리도록
걷고 또 걷고 싶었는데

그러다가 다람쥐처럼
한 바퀴 구르고 싶었는데
진정 구르고 싶었는데
어쩌자고 길목마다 부수고
고치고…

가을이 오기 전에
가을을 떠났네

파랑새 · 1

그 푸른 절해의 섬
여서도에 가면
거기에나 살고 있을까

물소리
바람소리뿐인
섬에서
미역 따며 살고 있을까

열여섯 나이에
시집와서
댕기머리 올린 채
호롱불 지피며 살고 있을까

그 섬에 가면
파랑새
두어 마리 살고 있을까

파랑새 · 2

밤이면 어쩌랴
외로워서 어쩌랴

등대불도 없는
망망한 벼랑 끝 망루에서
하늘 보며 바다 보며
그렇게 살다가

한 가구 한 부부 닻 내리고 살다가
누구 하나 먼저 가고 빈자리 생기면

통발은 어이 하리
그 눈물 어이 하리

그 섬에 가면
파랑새 두어 마리
지금도
곰솔 숲속에 살고 있을까

나무의자

오늘, 나무의자에 앉아
나를 닮은 이파리 하나 보고 있다
이파리는 나를 보고
나는 이파리를 바라보고 있다
가늘고 긴 눈빛이 오가는 동안
보이지 않은 나무 끝에서 파란 불똥이 퉁긴다
순간 불똥은 회오리바람을 일으키며
누군가를 감싸 날아간다
저렇게 날아가다 보면 어느 먼 하늘 숲에 가 닿을까
호수가 오늘처럼 맑은 날은
나무 밑에 놀다가 훌쩍 여행 떠나기 좋은 날인데
발밑에 다가선 이파리 하나
보이지 않는 나를 바라보고 있다
흔들리지 않을 만큼 흔들리고 있다
나를 닮은 이파리 하나

아기단풍

광주학생독립운동기념탑이 있는
중앙공원에는 지금 아기단풍이 한창이다
붉게 물든 단풍 길을 놔두고
소나무 그루가 맞모여 있는 층계 길로
113개의 계단*을 오르면 하늘로 치솟은 학생탑에 이른다
광주고등보통학교에서
대구여자고등보통학교와 조치원농업보습학교
그리고 경성제일고보와 개성사립송도고보를 거쳐
한참 더 북으로 올라가다 보면
신의주농업학교와 회령공립상업학교
저 멀리 길림성제4사범학교에 이르기까지
그날의 이름들이 총총한 나무들로 솟아 있다
그 속에 들어가 같이 서 있으면
숲속 새들의 지저귐이 아름다운 화음으로 다가온다
광주학생독립운동기념탑이 있는
중앙공원에는 지금 아기단풍이 한참이다

---

* 113개의 계단은 학생의 날인 11월 3일을 상징함.

세상타령

이놈아, 그것 사람이 먹을 것 아니냐
아무리 할 일 없다고 누가 그런 짓을 한다더냐
세상말세라도 그런 짓은 안 되지
이놈아, 안 그러냐
니 애비 에미도 하던 일 아닌데
너 같은 또랑놈이 어디서 태어나서
이렇게 못 살게 구느냐
이놈 시끄럽다
무엇이 잘났다고 큰소리냐
네 눈엔 고놈의 그것밖에 보이지 않느냐
뭐라고, 똥 묻은 것이라도 많이만 있으면 쓰겠다고
그래 원 없이 맡아보아라
그러니까 할머니는 죽도록 그 꼴이지
다들 봐, 다들 보라고
그렇게 모두 잘 살고 있는 것 봐, 안 보여
이놈아, 그래도 할미는 그런 꼴 못 본다
어디 먹을 것이 없다고 그런 짓을 한다더냐
그래도 그런 것 바르고 찍어 넣으면

다들 좋다 하는디
더 맛있다고 하는디
그놈들이 미친놈이지 내가 뭐 미쳤나
손자 놈의 우김은 여간해서 끝날 것 같지 않다
그래도 누가 와서 손자 놈 잡아갈까봐
마음은 항상 가시방석인데
고놈하고 말장난 치며 살아온 지 얼만데
이 세상 어쩌려나, 저리만 자꾸 꼬여 가니
거기 뉘 없소
우리 좀 살려주시오

가을산

가을산이 저만큼 물러나 있다

깊은 골짜기마다
무거운 침묵이 내려와 숨을 죽이고 있다
여름은 어디서 무얼 하고 있을까
성근 구름이
가을산을 넘어가고 있다

산 아랜 마을이 흐르고
마을마다 여름을 토해낸 개울물이 흐르고 있다
산은 저녁노을을 따라
아무도 없는 먼 곳을 향해 가고 있다

밤에 보면
가을산은 무한한 정감으로
별들을 밀어내며
끝없는 어둠 속으로 헤엄쳐 들어가고 있다

밤의 숲길을 따라
아무도 모를 오래된 주막집 하나
허름한 그 불빛 하나 찾아
헤매다가
깊은 밤 어디론가 떠나고 없는 빈 마을에서
혼자 울다가 잠이 든다

산은 더 먼 곳으로
온몸을 뭉개며
가을 속으로 들어가고 있다

도라지꽃

집을 떠난 지 반년이 넘었다

아무도 말하지 않는다

창호지는 지금도 듬성듬성 뚫려 있는데

뚫린 구멍 안으로 뒤뚱뒤뚱 걸어오고 있는데

도라지꽃 뒤란을 돌아 나와

툇마루 앞에 서 있다

얼굴이 하얗다

숲의 소리

귀 기울이면 숲이 열리고

나뭇잎 흔들리는 소리

가까이 다가왔다가 멀어지는 소리

저녁 물가에 낮은 선율로 서면

어디선가 부르는 소리

그 소리 너무 작아 아득히 매몰되는 소리

나는 몰라라, 그 소리

접시꽃

접시꽃이 산다는 동네를 찾았습니다
초가집이 아닌 붉은 기와집들이 곱게 모여 있었습니다
여기저기 나무들이 지붕을 덮고 있었습니다
어느 것이 접시꽃집인지
처음부터 알 수 없는 일이었습니다
접시꽃 이름 하나 들고 동네를 찾았다가 돌아 나왔습니다
동네는 바닷가에 있었습니다
작은 고깃배들이 이리저리 드나들고 있었습니다
하얀 모래밭도 보였습니다
동네 뒤로는 소나무 숲이 동산을 이루고 있었습니다
참 아름답고 마음 씁쓸한 동네였습니다

나는 어려서부터 접시꽃을 좋아했습니다
사랑이 무엇인지 모르면서도 그냥 좋아했습니다
접시꽃은 장독대나 돌담 가에 피어 있었습니다
그네 집 우물가에도 피어 있었습니다
빨간 꽃잎이 언제나 아름다웠습니다

노란 꽃술은 더 예뻤습니다
그때마다 접시꽃은 눈으로만 말하고 돌아갔습니다
돌아가는 모습이 너무 아름다웠습니다
그런데 어느 날 접시꽃이 먼 곳으로 떠나고 말았습니다
그때서야 사랑했다는 것을 알았습니다
접시꽃은 지금도 먼 바닷가 장독 옆에 피어 있습니다

가난한 연인들

가난한 연인들이 근린공원
나무 밑에 앉아 있다
노란 단풍잎을 밟고 금방 나와 있다
2011년의 늦가을이었다
어쩌자고 세상은 자꾸 어렵게만 갈까
가난한 연인들, 벤치에 앉아 서로를 기대고 있다
어찌 귀엽고 아름답지 않으랴
머리 위엔 아직도 떠나야 할 아쉬운 친구들처럼
몇 개의 단풍잎이 매달려 있다
그들의 머리 위에 하나쯤 내려줄 법도 한데
그냥 흔들리며 있다
저들이 언제쯤 그들만의 셋방을 얻고
옥상에 올라가 밤하늘의 별을 셀 수 있을지
하늘이 너무 멀어 보인다

가을, 기다림

구월에서 시월로 넘어가는
가을 어느 날,
그 사람 서울이라는 도시를 향해 떠났다
집밖에 모르던 사람이
집을 두고 떠날 수 있는 것은
사랑의 집이 거기 하나 더 있기 때문이다
떠날 때 어깨 틈새로
간신히 웃음 하나 실어 보냈는데
그걸 가지고 그 사람 집을 두고 떠났다
떠나고 나면 먼 가을인 것을
무서운 혼자인 것을
새벽녘 서성이는 외등을 보고 알았다
구월이 가고 시월이 가는데도
가을, 그 기다림은
돌아설 기미를 보이지 않는다

제2부 첫눈

물안개

아침 강둑을 걷다보면
참, 차분해진다
무슨 욕심이 있는 것도 아니지만
그렇다고 징검돌 같은 그리움이 없는 것도 아니지만
어디선가 걸어오는 소리
그 하얀
물안개 소리

첫사랑 이름처럼
참 예쁘다

첫눈

어릴 적 고향 같다
물동이 우물길 같다

댕기머리
하얀 천 끝에
누나야
지금도 첫눈 내리느냐

내리다가
산 너머 솔밭처럼 우느냐

거기에도
지금 눈 내리느냐

산천어

차갑다
눈물 없이 우는 것이
너무 차갑다
한겨울 지나야 그 눈물을 알게 된다
뼛속이 은백색으로 바뀐 것을 알게 된다
산의 여인처럼
고운, 그 눈을 알게 된다
산이 좋아
산에서 사는 것을
물이 좋아
물에서 사는 것을 알게 된다
오를수록 맑아지고 맑을수록 커지는
그 눈을 알게 된다

억새풀

두고 온 겨울 저쪽에
한 둔덕씩 모여 우는 억새풀
거기 눈은 내리고
내리면서 쌓이고 있다
작은 나무다리
사람들이 살다 떠난 흔적 위에
무너진 논두렁 위에
눈은 내리고
내리면서 또 쌓이고 있다
누구의 영혼일까
억새풀을 열고 들어서는 바람
마을이 떠난 빈자리에
으스러진 그 슬픈 언덕에
겨울새 한 마리
긴 목을 빼고 망을 보고 있다

굴뚝

어둠이 밀려온다
집은 비어 있는데 어디선가
새어나는 소리
겨울 귀뚜리가 울고 있다
혼자 울다가
등잔 밑에 가서 잠이 든다

옛날 대숲 바람 소리
그 찬바람 소리
문풍지를 밀고 들어와 자리끼에 눕는다
그리운 이의 체온이 자정을 넘어 흐르는
먼 이국의 밤
굴뚝은 따뜻한 아침을 만든다

낙서(落書)

겨울들녘에 나가보면
말라붙은 풀잎들
저마다 아픈 상처를 드러내고 있다
숨죽이고 있다
누가 그리다 버린 데생일까
끝없이 달리던 개울 속 속삭임도
들머리 바람도
오늘은 입을 다물고 있다
길섶에 떨어진 언어들
오늘은 죽어서 사는 법을 말하고 있다
좁은 틈새를 빠져나와
용을 쓰며 말해주고 있다
겨울들녘에 나가보면
말라붙은 풀잎들
저마다 아픈 상처를 벗겨내고 있다
구겨진 도화지 위에
바득바득 안개비를 덧칠하고 있다
물길을 내며 상하 종횡으로

죽죽 그어나가고 있다
떨어져나간 영혼들
오늘은 무지러진 연필 끝으로
죽은 너의 영혼을 그려보고 있다
가슴마다 둔덕마다
엉클어진 소리 없는 낙서를…

겨울의 흔적

처음엔 몰랐다
가슴에 박혀 출렁일 줄 몰랐다
남는 것은 결국 하나뿐인데
벗기고 벗긴 다음
더 벗길 수 없는 끄트머리엔
겨울이 있을 뿐인데
사랑했다는 것 그것뿐인데
어쩌자고 머리 위엔 자꾸 진눈깨비만 내리는가
사방은 멀어져만 가는가
초가집 하나 보이지 않는 저 지평의 밖
아무리 귀 기울여도
누구 하나 소리하지 않는다
뒤를 돌아보면
희끗희끗 돌기한 길섶 풀잎
무성한 구레나룻이 바람에 휘날린다
인적마저 끊긴 빈 나루
얼어붙은 뱃길이 있을 뿐인데
부러진 삿대 하나 잠겨 있을 뿐인데

혹여 거기 누구 없을까
물살을 가르던 덥수룩한 사람
봇짐 매고 풍월 짓던 그런 사람 없을까
불쑥 푸덕이는 소리 없을까
누군가 저 지평 끝에 그려놓은
겨울의 흔적,
외기러기 하나 날아가고 있다

아침 까치

창밖을 보니 동쪽 숲속으로
먼동이 트자마자
까치 두 마리 예비한 아침 비행을 시작한다
동네 숲속에서 잤을까
붉은 벽돌집이 많이 모여 사는
금호동 주택 옥상
긴 빨랫줄을 넘나들며 재롱을 피우는 것이
간밤엔 그래도 잘 잔 모양이다
키가 큰 상수리나무 속가지에 꼭꼭 숨어 잤을까
옛 둥지 속에 들어가 잤을까
흰 서릿발이 내리면
그것도 폭설이 몰아치는 무서운 밤이면
그땐 어떻게 밤을 새울까
아침의 날렵한 비행이 아름답다

하얀 고독

기독교방송국 뒤
작은 공원,
오늘은 날씨가 차서
바람에 낙엽이 벤치 밑까지 굴러 와서
아이들만 몇 놈 나와 논다

네모진 정자
하필이면 그늘진 곳
아이들이 노는 반대쪽 정자 끝에 앉아
노래를 부른다

처음에는 파도처럼 흐르더니
그러다간 더 낮고 깊게 흐르더니…

이를 어쩌랴!
저 할머니 하늘이 그리워 노래하네
사람이 그리워 노래하네
하얀 고독의 노래여

고요

그것은 옥색 하늘이거나
목이 긴 항아리이다
창밖에 서성이는 달빛소리다
옷깃 여미는 소리다
때로는 오죽을 바라보며 난을 치거나
산상(山上)에 기우는 달빛을
수틀에 담는 여인이다
고요의 바다다

새벽의 방

묵은내 나는 방이다
누군가 거처하다 금방 떠난 방이다
소나무 숲 사이로 쪽진 달이
뾰족이 얼굴을 내미는
그런 밤을 가진 새벽 방이다
울타리 밖으로
긴 겨울 강이 흐르고
달이 뜨면 별은 멀리 물러나 있듯이
매서운 바람이
강벽을 돌아나가고 있다
소나무 하나 서 있다
별 하나 거기 있다
비어 있듯 살아 있는 방이다
시제(時制)를 바꾸지 않는, 너는
새벽의 방이다

디지털 얼굴

꿈이었다가
미루나무 높은 가지 끝이었다가
부서져 날아가는 풀씨

핀셋이 안경을 떼다가
다른 얼굴에 붙인다

속살이
잠시 경련한다

저쪽 하늘이 토성의 띠를 두르고 나타난다
무수한 별들이 가까이 다가와 부서진다, 착륙한다

막 생성된 얼굴이
마차를 타고 옛집을 돌아나가고 있다

이명(耳鳴)

겨울나무 가지에서
아침 내내 매미가 울고 있다

간밤에 봄비가 귓속을 후비더니
나뭇가지에 옹이가 풀렸을까

산간엔 아직도 폭설이 내리고
아우성소리는 계곡을 타고 흐르는데

아, 어디선가
봄의 울음소리…

창밖 길 건너엔 하얀 목련이
꽃상여를 타고 내려서고 있다

나목(裸木)

참으로 어려운 일이다
목숨을 내놓는 일이 아니더라도
갈라서는 일은 어려운 일이다
얼마나 많은 자기 살육이 있었겠는가
얼마나 잔혹한 대화가 오갔겠는가
아무것도 가진 것 없이
맨살로 정말 맨살로
칼바람 에는 겨울 앞에 서 보라
어둡고 춥다는 것 말고
차라리 눈이라도 펑펑 내렸으면 하는
그런 것 다 말고
거기 가서 한번 맨몸으로 서 보라
나목이여!
깊은 밤 무엇이 보이던가
무엇이 그리 애타게 그립던가
부서져나가듯 무엇이 섬광처럼 흐르던가
밤의 번뇌여,
떨어져나간 슬픈 자국이여

바다의 저쪽에 무엇이 내려앉던가
보이던가, 무어라 하던가
누가 거기 있어
그대의 슬픈 노래를 들을 수 있단 말인가
나목이여,
밤을 우는 빈 나무여

그려지지 않는 그림

바람만 불어도
대추나무 송송한 잎사귀
그 잎사귀 속으로
아기웃음처럼
눈 감추던 소녀를 보았네
우물가에 돋아나는 풀잎이슬
자꾸만 부풀어 오르던 소녀를 보았네
어쩌다 빨랫줄 밑으로 삐어질까
얼굴 붉히던 소녀를 보았네
사랑했네
대추나무처럼 사랑했네

손재봉틀

하늘엔 구름이 흐르고 있었습니다. 소녀는 흐르는 구름을 모아 무명옷을 맞추기 시작했습니다. 가르마머리에 늘 바늘 끝을 문질러 옷섶에 꽂았습니다. 초등학교도 다니기 어려운 시절이었지요. 6.25도 가고 몇 년이 더 지나서야 손재봉틀로 옷을 만들기 시작했습니다. 재봉 솜씨는 마을 밖으로까지 소문났지요. 동네처녀들은 그즈음 산업화의 바람을 타고 도시로 둥지를 옮겨 갔습니다. 명절 때면 청주병과 도시풍의 옷을 입고 내려왔습니다. 소녀도 속으로 얼마나 부러워했는지 모릅니다. 소녀는 그렇게 살다가 늦깎이시집을 갔습니다. 지금은 눈이 어두워 재봉틀에서 손을 떼고 성경에 빠져 있습니다. 윗목엔 아직도 손재봉틀이 소녀의 세월만큼 닳아진 채 고향의 먼 하늘처럼 흐르고 있습니다.

목련화

헨델의 라르고를 무척이나 좋아한 적이 있습니다. 아주 먼 옛날이지요. 그래서 점심시간이면 방송담임이 아니면서도 엘피판 라르고를 운동장 가득히 내보냈습니다. 그러면 정원 가에 피어오른 하얀 목련화가 귀를 열고 경청해 주었습니다. 목련화 옆에서 바라본 지리산은 너무 높고 아름다웠습니다. 지리산은 어느새 내 마음속에 들어와 자리했습니다. 눈을 감으면 누군가가 걸어오는 것이었습니다. 긴 숲길을 따라 걸어 나오고 있었습니다. 목련화는 하얀 산꽃 저고리를 입고 있었습니다. 숲속을 빠져나오는 목련화는 바라보기만 해도 행복했습니다. 목련화는 지금도 내 깊은 정원가에 가득히 피어 있습니다.

유리안나

성벽에 피어 있는 풀꽃이었으면 좋겠습니다. 사계절 지지 않는 하얀 풀꽃이면 더 좋겠습니다. 그것은 살아 있다는 한 오라기 바람입니다. 구름 같은 세월 뒤에 가려진 어쩌면 부끄러운 모습일지도 모릅니다. 하늘은 맑고 구름은 높았습니다. 강물은 차고 맑게 흘렀습니다. 흐르는 강물에 선부른 발목을 담그고서입니다. 그것이 나를 있게 한 처음의 일이라 하더라도 돌아선 길목이 너무 처량하고 미운 것이었습니다. 어디서부터인지 모르겠습니다. 그것이 차가운 불빛으로 지금껏 남아 있습니다. 그는 사랑의 눈빛으로 세상을 바라보았습니다. 사랑했다는 말이 그렇게 부끄러울 수가 없습니다.

제3부 달빛여행

길

길이 아니다

애초에 잘못 들어선 길이다
동네 앞에 있던 느릅나무도 그 나무가 아니고
마을로 들어서는 길도 그 길이 아니다
어젯밤 물안개 짙게 깔리더니
다들 어디 가고 인기척 하나 없나

그 길이 아니다
사람들이 다니던 길이 아니다

친구 만나 막걸리 한잔 하고
흥얼흥얼 돌아가던
그 길이 아니다
개울물에 달빛소리 퉁기던 그 길이 아니다
영 그 길이 아니다

담재

산 너머에 산이 묻히면
문득문득 떠오르는 덕암산 담재

소나무
너럭바위
용골
먼 바다
섬들…

이곳에 서면
모두가 산이 되거나 바다가 된다

유년이 그리워
돌 바위 담재에 오르면

해송이 먼저 알고
팔을 벌린다

나이 들어 외로울 때

나이 들어 외로울 때
마을저수지 둑에 올라 산을 보자
누가 누구라기보다는
그냥 무릎을 맞대고 서로를 바라보자
세상 일 같은 건 나중 일로 놔두고
그냥 바라보기만 하자
저 친구 언제 저리 늙었을까
옛날 소 몰고 많이 오르던 그 산 아니냐?
오늘은 물 아래 또 다른 산을 깔고
큰바위얼굴처럼 무릎 포개고 있는 것이
아직 할 말이 더 있는 모양이다
그리운 친구들 하나 둘 세상 밖으로 떠나보내고
혼자 외로워 저리 참고 있는 것이
어쩌면 도시의 변방에서 내 방황하고 있을 때
저 모습이 아니었는지 몰라
당초엔 그런 것이 아니었는데
쉰 목소리로 산아, 하고 그렇게 한번
불러보고 싶었을 뿐인데…

능소화

능소화가 담장을 타고 고개를 내밉니다
한 뼘이라도 높이 올라
거기 살아 있음을 알리려 합니다
그것도 모자라 나무를 감고 높이 오릅니다
그 애절함이 너무도 안타깝습니다
사랑을 위해 평생 그리 살고 있습니다
어둠이 흐르는 무서운 밤에도
줄기를 감추고 밖으로 복숭앗빛 얼굴을 내밉니다
행여 임의 발자국 소리 들릴까
남모를 속병을 안고
구중심처의 여인으로 살아가고 있습니다

깊은 절터 뒤뜰에 연못이 하나 있습니다
작지만 오래된 연못입니다
연못가에는 커다란 고목이 서 있는데
밑동을 들여다보면 두 아름은 될 듯도 싶습니다
그런데 언제부터인지 고목 둘레에는
석류빛 붉은 능소화가 곱게 피어 있습니다

고사목을 감고 돌아가며 높이높이 피어 있습니다
연못에 비친 그림자는 더 아름답습니다
고목은 죽어서도 살아 있습니다
소화의 긴 치마폭이 노을을 받아 아름답습니다
사랑한다는 것은 영혼인 듯합니다

어디 없을까

살다보면 속보이는 사람 말고

속없이도 그냥 아름다운 사람 어디 없을까

허물이 있어 더 귀한 사람 그런 사람 없을까

윗가지만 챙기는 사람 말고

목이 좋아 목을 지키는 사람은 더 말고

바보처럼 살아가는 울타리 같은 사람

그런 사람 어디 없을까

발자국 하나

어느 날 마을을 떠나 산을 오르는데

계곡 따라 눈물처럼 오르는데

물소리 뒤에 두고 산을 오르는데

보이는 것은 나무뿐 산은 보이지 않네

누가 놓고 갔을까 발자국 하나

산은 가려 있어도 거기 있고

눈물은 보이지 않아도 나는 거기 있네

복날

마루기둥에 머리 괴고
집에 왔다 떠나는
아들 보며
눈망울만 굴리시던 어머니
그 여린 어머니…

오늘이 복날인데
거기서도 모이만 주고 계실까

오뉴월 뙤약볕 기다려
방학 때면
토종백숙 끓여두고
당신은 그냥 동무 삼아
쭉쭉 다리 찢어
입에 넣어주시던 어머니

오늘이 복날인데
문 밖만 나서도 삼계탕집인데

고려백숙 앞에는 백 미터
이백 미터 긴 줄 기다리며 서 있는데
그것 한번 못 드신 어머니

오늘이 복날인데
오늘이 복날인데

산에 올랐다

산에 올랐다
장마 뒤 무덥던 8월 어느 날
아침 일찍 집을 나서 산에 올랐다
어림잡아 삼백리 길이고 보면
두 시간은 더 달려야 할
산과의 거리

월출산을 지나고
멀리 다산초당을 바라보면서
강진만을 끼고 도는 곳,
새로 난 고금대교 저편에 이르러서는
세상 한번 둘러보고
옛날 나룻배 타고 오르내리던
물목 심하던 뱃길이
오늘은 다리 밑에 눌려 벙어리가 되어버린
이쪽과 저쪽의 먼 이야기
누가 알리야
하늘에 붕 뜬 공허한 이 귀향을

산 아래에 차를 멈추고
바다가 보이는 산에 올랐다
술 한 잔 따르기가 이리 어렵던가
풀 한 포기 뽑기가 이리 멀던가
마지막 귀향이 될지도 모를 가파른 산행
그 산에 올랐다
무덥던 8월 어느 날

돌나리

산을 오르다가
돌 바위 계곡에 잠시 쉬어가다가
나무숲을 헤집고 들어서는 햇살
나는 보았네
바위틈에 돋아난 풀꽃 작은 생명의 반란을
구김 없는 선연한 웃음을
누가 돌아서 흉내 낼 수 있으랴
저 초연한 아름다움을…

나는 보았네
풀꽃 하얀 돌나리를

향기

모처럼 산 꿈을 꾸다가
어디선가 솟아오른 향기
거기 오래된 암자가 있음을 본다
험준한 바위 밑에
그 잔잔한 초막의 안뜰에
한 줄기 내려서는 햇살
세월을 건너뛴 사유의 향기가 독대하고 있음을 본다
덩굴을 타고 올라서는 향기
잊고 살았던 오래된 사유의 향기와 만나게 된다
누군가 다가와
슬프고도 아스라함을 말할 때
부끄러움이 나를 조인다
그것은 지나가는 바람의 향이 아니라
뒤뜰 우물에서 풍겨오는 향기다

달빛여행

여행은 도랑물을
건너서 온다
우리 집 찾아왔다가
돌아가는 달

어느 먼 서역의 황야에서
모두가 잠든 뒤
혼자 눈물 머금고 떠 있으면서도
내색하지 않는 것을
나는 안다

새벽의 하얀 조각달이듯이
타고 남은 샛별이듯이 그렇게 사는 것을 나는 안다

바이칼 호에
떠 있는 달처럼
여행은
파란 도랑물을 건너서 온다

며늘아기꽃

며늘아기꽃은
아침의 찬 개울을 딛고 왔다가
저녁이면 돌아간다

목련나무 가지에
반쯤 창을 열고 하얀 가운으로 서 있다가
저녁이면 혼자 피는 꽃

나는 목련나무 가지에서
하얀 오선지를 떼다가 밤새워 편지를 쓴다

올림표를 넣었다가
도돌이표를 넣었다가

며늘아기꽃에게
편지를 쓴다

마을이 거기 있었다

옛날 마을이
거기 있었다

소나무 숲 사이로
갸름한 달덩이가 솟아올랐고
젊은 아낙들은
우물가에서
사설을 즐기며 있었다

밤이 깊으면
골짜기 끝으로 달무리 자욱이 내리고
녀석들은 여울목 밖에서
밤새 노래를 불렀다

어느 날
마을이 파헤쳐 뭉개지고
친구 녀석이
술 먹고 울던 날

용역꾼들은 중장비를 몰고 와 사람들을
마을 밖으로 몰아냈다

마을은 물소리 새소리뿐이었는데
살구나무 꽃밭이었는데…

옛날 마을이
거기 있었다

이효석문화마을

글 쓰는 사람은 다 가난했을까
주인 없는 문고리가 너무 고즈넉했다
아직 계절이 아니어선지
메밀꽃은 피어 있지 않았지만
선생의 언어가 드리워진 산기슭 저쪽으로
누군가 학처럼 서 있었다
물레방아며 충주집은 옛 가락을 풀어내고
개울물은 굽이굽이 낙수지고 있었다
선생은 세상을 떠나서도
고향을 찾는 나그네들에게 주막집처럼
포근한 정을 베풀고 있었다
메밀막국수로 시장한 향수를 달랬다
부침개 안주로 막걸리 한 사발을 쭉 들이켜고
얗은술잔을 바닥에 내려놓았을 때
멀리서 메밀밭이 너울을 일으키며 굴러오고 있었다
원두막도 긴 파도를 타고 있었다
강원도 평창군 봉평면 창동리
옛 고향마을이 한눈에 내려다보이는

산언덕 문학관 정원,
선생의 좌상과 나란히 앉아 있는 사람이 있다
무슨 말을 나누고 있을까
선생은 세상이 너무 각박하다는 듯
먼 하늘을 바라보고 있었다
메밀꽃 향기가 저만치서 달려오고 있었다

백담사 가는 길

속초시 한 길목에서
막내는 기름을 가득 채웠다
주유하는 젊은이 지금은 미시령터널이 뚫려
백담사 교차로까지 삼십 여분,
그런데 무엇이 나를
그리 켕기게 하고 있었을까
백담사 가는 길이란
허술한 매표구 앞에 섰을 때
나는 괜한 공허의 늪에 빠져 있었다
그러나 그 공허와는 상관없이
외길버스는 신록의 험한 계곡을 뚫고
사람들을 실어 나르고 있었다
다들 어디서 어디까지 가는 것일까
무엇 때문에 저리 가는 것일까
산속 깊은 계곡의 종점에 이르렀을 때
나도 모르게 백담사! 하고 말았다
내설악의 오지 백담사
한용운 선사가 입산수도하던 곳

나는 선사의 「님의 침묵」이 흐르는
끝없는 고뇌와 불면의 날들을
계곡 멀리 그려보고 있었다
그러다가 요사채의 한 헛간에 이르러서는
한없는 세월의 덧없음을 가슴으로 그려보고 있었다
저를 어쩌랴, 서로 다른 삶이
만수산 드렁칡처럼 얽혀 있으니 말이다
외길버스는 또 사람들을 싣고
신록의 험한 계곡 속으로 떠나고 있었다

미시령 입구

미시령 입구
작은 표지석 하나

이곳이
금강산과 설악산의
경계라는

회한(悔恨)의
돌비석

너 거기, 바보처럼 눈물처럼
오래오래 서 있어라

밤바다

동해 밤바다
유난히 별빛이 멀어 보이는

어둔 바닷가
모래밭에 서 있다

멀리 초소(哨所) 위엔
아직도 과묵한 불빛이 흐르고

어깨 위엔 보안등 하나
외박 나온 병사처럼 떠 있다

아, 누구의 노래인가
발밑에 부서지는 휘파람소리

제4부 소라껍질

소라껍질

목이 쉬도록
울고 싶은 모양이다

짧은 만남 긴 이별
바다로만 가고 싶은 모양이다

가슴에 바닷물이 차오르면
목을 빼고 누군가를 부르고 있다

언제 돌아오느냐는 가늘고 긴 목소리가
파도에 묻혀 돌아오지 않는다

하얀 소라껍질 하나
바다를 향해 울고 있다

바다와 소녀

소녀는 바다 끝에 누가 사는지
흰 구름 아래에는 몇 집이나 사는지 물었다

꽃이 피고 새도 우는지
바람은 언덕으로 불어오는지 물었다

그곳 아이들도 친구를 생각하고
바위 끝에 앉아 어머니를 생각하는지 물었다

배가 고플 때 그것도 많이 고플 때 어떻게 해야 하는지
그리고 밤이 무서울 때는 또 어떻게 해야 하는지 물었다

별이 있어 좋은지
바다가 있어 좋은지

소녀는 밤이면 바닷가에 나와
그렇게 풀잎처럼 묻고 있었다

나는
알 수가 없었다

그 작은 가슴에 무엇이 그토록 들어와 있는지
밤이면 누구와 이야기를 나누는지

친구와 이야기를 나누고
어머니와는 더 긴 이야기를 나누고

그래도 못 다한 이야기는 어디에 적어두고
긴 기다림 속에 있는지 몰랐다

바다의 끝에는 누가 살고 있는지
흰 구름 아래에는 몇 집이나 살고 있는지

나는 정말
알 수가 없었다

원포리

울돌목 건너
남녘 끝 원포리를 아는가
동백나무 숲에 가려 잘 보이지 않은
물길 오목한 곳
누구의 기억에도 출렁이지 않고
혼자서 바다를 껴안은
작은 원포리

바위 끝에 앉으면
가버린 사랑의 되새김처럼
밀려갔다 다시 밀려오는 하얀 물결들
가슴에 파고드는 슬픈 언어들
그래서 소녀는
모래알처럼 깎이고 깎이어
그 눈을 닮았나보다

6.25 난리 통에
어디가 어딘지 모르면서

어머니 손잡고
산을 넘고 마을을 지나
발 딛고 내려선 곳

그것이 삶이 되고
고향이 되고
가슴에 내려앉은 차가운 무게,
이제 나이 들어
아무도 없는 바닷가 언덕에서
당신을 그리는
하얀 초로의 소녀

남녘 먼 바닷가
동백나무 숲에 가려 잘 보이지 않는
물길 오목한 곳
누구의 기억에도 일렁이지 않고
혼자서 바다를 껴안은
작은 원포리

민들레꽃

민들레꽃이 좋아 민들레와 노는 아이, 가만히 다가서니 어느새 두어 발치 날아가 저만큼 가 있다. 두어 걸음 쫓아가면 또 저만큼 날아가 버릴까. 민들레꽃이 좋아 반나절 넘게 담벼락 밑에 앉아 민들레와 노는 아이. 이파리를 만지다가 꽃잎을 쓰다듬다가 손가락 끝으로 잔풀을 뽑아보는 아이. 아직 학교는 가지 않은 것일까. 친구들만 가고 혼자 노는 것은 아닐까.

민들레꽃이 좋아 민들레와 노는 아이가 노란 민들레꽃을 닮았다. 담벼락이 좋아 담벼락 밑에 노는 아이가 노란 아기나비를 닮았다.

눈물 밥

그대 눈물 밥을 먹어 보았는가
학교에서 돌아와
아무도 없는 부뚜막에서
혼자 눈물 밥을 먹어 보았는가
밥태기 떼어가며 서둘러 먹어 보았는가
우물가에 나와서는
바가지 물 꿀꺽꿀꺽 마셔 보았는가
어쩌든가
공부보다 어렵던가

중학교 시절

초등학교 한쪽
운동장 가
교실을 빌려 쓴 학교였지만
그때가
그립다는 소녀

선생님이 적어
한 분이
여러 과목을 가르쳤지만
그때가 더
좋았다는 소녀

서울이나
충청도에서 오신
총각선생님이
지금도
잊혀지지 않는다는 소녀

책이라곤
교과서밖에 없는데
선생님이 주신 헌 자습서가
지금도
생각난다는 소녀

도시의 아이들도
어렵다는
사범학교에 합격하고서는
그때가 눈물이었다고
말하는 소녀

졸업식

졸업식 날 나는 울지 않았다
산의 눈물이 긴 골짜기를 타고 밀려왔지만
나는 울지 않았다
송사와 답사가 오고가도 울지 않았다
내가 가르치던 '눈물 밥' 아이
3월이면 중학교에 갈 송이를 생각했다
많은 선생님을 떠올리며 기도를 생각했다
멀리 계신 어머니와
바닷가 어디쯤 혼자 계실 어머니를 생각했다
비녀봉과 플라타너스
운동장과 돌멩이
교문 앞 푸른 소나무 숲길을 생각했다
졸업식이 끝나고
선생님이 건네주신 교원자격증을
나는 그때 손끝을 주체할 수 없어 끝내 울고 말았다
먼 바다와 하늘이
한꺼번에 내게 와서 부서졌다

느티나무 꿈

꿈을 쫓다보면 꿈은 먼저 그곳에 가 있나보다
어젯밤 모처럼 길고 편안한 꿈을 꿨다
가방 하나 들고 얼마를 걸었을까
산과 마을과 들길이 있는 곳
그런 시골길이 벌써 마음속에 들어와 있었나보다
백년은 됐을까, 그보다는 더 됐겠지
해묵은 느티나무가 굵은 몸통을 내보이며
내소사 대웅전 느티나무처럼 서 있다
여기가 어딜까,
동아줄을 맨 거목이 잘 왔다
용케 찾아왔다고 눈길을 주고 있지 않은가
그래 이런 학교지 이런 학교면 백번은 됐지 했다
아이들은 어떻게 지내고 있을까
지금도 구슬치기를 하며 놀고 있을까
집에 가다말고 냇가에서 물고기를 잡고 있을까
나는 편안하게 기지개를 폈다
개운하다, 어디 날 부르는 사람 없소 했다

마을이 보이는 교실

마을이 보이는 교실은
나의 천국이다
20평짜리 작은 나라지만
아이들과 함께 가꾸어갈 나의 천국이다
직원모임 시간을 빼고는
나는 교실에서 아이들과 함께 산다

청소도 아이들과 함께하고
점심도 아이들과 함께 먹는다
높은 유리창 청소는 내가 하고
점심을 빼먹은 아이는 서로 나눠먹는다

교실 뒤쪽 자랑판은
아이들의 꿈을 그린 동산이다
저마다의 솜씨와 마음들이
더덕더덕 붙어 있다
키가 작은 아이는 좀 아래 붙이고
키가 큰 아이는 조금 위에 붙인다

아이들이 돌아간 뒤에는
아이들의 뒷모습을 하나하나 그려보고
집은 어려운지 아닌지
친구관계는 어떤지 생각해본다

저들이 걸어가는 길목엔
나처럼 어려움이 없었으면 싶다
마을이 보이는 교실
노을을 타고 날아온 참새 한 마리가
교실 뒤쪽 자랑판에 와 앉는다

아무도 가르쳐주지 않았다

사랑이 다가오고 있을 때
처음으로 느끼며 부대끼고 있을 때
이것은 아니다 하면서도
자꾸 헛발을 딛고
돌아나가는 평행선 같은 먼 길을 그리면서도
이것은 아니다며 가슴 조이고 있을 때
그때, 아무도 가르쳐주지 않았다

시집가서 큰절을 올릴 때
공수(拱手)한 손을 어깨와 수평으로 올리고
어떻게 이마와 맞닿게 하는지
무릎은 어느 쪽 무릎을 먼저 꿇으며
윗몸을 굽힐 때는 또 얼마만큼 굽혀야 하는지
아무도 가르쳐주지 않았다

밤중에 아이를 업고
먼 길을 돌아 병원을 찾았을 때
문은 굳게 닫히고

찬 기운은 발끝까지 밀려와
땅바닥에 주저앉아 넋 잃고 있을 때
새벽달만 무심히 떠 있을 뿐
그때, 아무도 가르쳐주지 않았다

어머니가 그리울 때도
첫 아이를 배고 어찌할 줄 모를 때도
친구가 떠나고 없을 때도
어떻게 해야 하는지
학교공부 말고는
아무도 가르쳐주지 않았다

산다는 것

산다는 것이 버거울 때
동구 밖에 나가 느티나무 밑에 서 보라
수수세월 어떻게 살아왔는지
몸이 아플 때 어떻게 소리를 지르는지
슬픔이 목까지 올라와 혼자 욱욱하고 있을 때
누가 와서 위로하며 함께해 주었는지
몸뚱이에 귀를 대고 물어보라
그래 무어라 하던가
천리 밖에 요동치는 천둥소리 들리던가
그 소리 들어보았는가
산다는 것이 버거울 때
동구 밖에 나가 느티나무 밑에 서 보라
시원한 바람 콧등을 스치고
넉넉한 잎사귀들
어디 버거움 소리 내던가

섬

섬 하나 있었네
하얀 물살이 머문 곳
시원(始原)의 눈물인가
섬 하나 있었네

누가
먼 바다에
꽃가마 풀었을까
다듬이소리
다듬이소리

사립문 먼발치에
섬 하나 떠 있네

3월의 밤바람

얼마나 울었을까
밤새 얼마를 더 울어야 할까
모두가 잠들고 나면
어깨 들썩이며 얼마를 울어야 할까
집에서도 눈물 많던 소녀
오늘밤은 또 얼마나 울어야 할까

내일이면 수술한다고
잠 못 이루는 텅 빈 공간에서
무엇을 생각하고 있을까
살아온 날이 너무 허무했을까
살아갈 날이 너무 미웠을까
여리고 겁 많은 소녀
바닷가 어느 끝자락에 가 있을까

아이들을 생각하고 있을까
어릴 적 친구들을 생각하고 있을까
가슴 깊은 곳

어디쯤에 살고 있을
슬프디슬픈
누군가를 생각하며 있을까

3월의 밤바람이
산 아래 병동까지 내려와
풀과 나뭇잎들을 하나하나 불러 세우고
만년산 골짜기도 물을 풀어 소리 내는데
잠 못 이루는 소녀
지금은 어디쯤 가고 있을까
지금쯤 잠은 이루고 있을까

성당에 가서

이팝나무 꽃이 유난히 밝던 날
소녀는 여느 때보다 몸을 단정히 했다
지나온 세월에 감사해 하며 있을까
세상에 다시 보내졌다는 순정한 기쁨으로
꽃망울처럼 환하게 웃고 있을까
이팝나무 꽃송이 같은
하얀 미사포를 내려 쓰고
오늘은 무엇을 생각하고 있을까
신이여, 어려운 이에게 아픔이 없게 하시고
그들이 지혜와 용기를 잃지 않고 살아갈 수 있도록
더 큰 힘을 주소서라고 기원하고 있을까
이팝나무 꽃이 유난히 밝던 날
소녀는 성모상 앞에 오래오래 서 있었다

어미의 눈에는

어미의 눈에는
아직도 별로만 보이는데
친구들과 노느라
땅거미 지는 줄도 모르고 있는데
한 놈이 가자면
한 놈이 조금 더 놀다 가자는 것뿐인데
어쩔거나, 어미의 눈에는
별로만 보이는데…

어느새 아이들도
그 아이의 어미 아비가 되고
산다는 것이 바빠서
땅거미 지는 줄도 모르고 있는데
한 놈이 학원 가자면
한 놈이 조금 더 있다 가자는 것뿐인데
어쩔거나, 어미의 눈에는
별로만 보이는데…

소녀 이야기

대학시절 강변에서 한
소녀를 만났다
아무도 없는 풀밭에서 혼자 웃고 있었다
파래한 얼굴이 너무 고와
나는 일부러
먼 곳을 바라보았다

나는 소녀를 좋아했다
소녀는 강변이 아닌
산성(山城) 외곽 풀밭에도 피어 있었다
가까이 다가서면
파래한 향기가 너무 좋았다

소녀가 저만큼 서 있다
새하얀 얼굴이 꼭 들꽃을 닮았다
소녀가 들길을 돌아 가까이 다가오고 있을 때
나는 비로소
한 소녀를 바라볼 수 있었다

대학시절 강변에서 한
소녀를 만났다
지금도
풀밭 어디쯤에 피어 있을
그 파래한 향기를 나는 잊을 수 없다

해설

'역(域)'을 넘어서는 방식-순환 사유의 시적 가치

질주든 무너짐이든 아름다운 행려(行旅)에는 언제나 아쉬움이 그 안에 숨어 있다.
— 시인의 「아름다운 질주」(『도시의 저쪽』, 월간문학, 2010) 중에서

백인덕 시인

1.

모든 '시'는 주제나 정서, 표현방식 등에서 개별적인 독창성을 갖는다. 바꿔 말하면, 시적 형상화의 산물인 '개별 작품'들은 '시적 자아'와 '시적 대상'의 '관계'에서 그 작품에서만 유효한 특수한 '방식'을 형성하게 된다. 만약, 시적 주체(자아)가 특정한 대상과 맺는 관계 즉 외적으로는 시 · 공간의 변화, 내적으로 '지향성'과 '가치관'의 변화에 무관하게 고착(固着)되어 버린다면, 인류의 '시 쓰기'는 이미 오래전에 그 동력을 다 소진해버렸을 것이다. 이때에도 물론 '읽기(재해석)'의 가능성은 남아, 시인이란 오직 '창조자'가 아니라 '감상자'로서 그 명맥을 유지할 수

있을 것이다. 하지만, 가만 생각해보면 이런 영도(零度)의 고착이 불가능한 이유는 자아와 대상의 '관계항'에서 '자아'가 늘 '유한(有限)'하며, 그 유한성 속에서마저도 '흐름'을 멈출 수 없다는 데서 찾을 수 있다.

박후식 시인의 시집, 『흐르는 강』은 제목에서부터 강력하게 앞의 사실을 환기한다. 시인은 몇 년 전 발간한 첫 산문집에서 "나는 오늘도 달리고 있다. 다른 사람 눈에는 그것이 무슨 달리기냐고 할지 모르지만, 나는 끝없이 나의 공간을 달리고 있다. 때로는 아름다운 숲길을, 때로는 뉘엿뉘엿 저물어가는 바다 저쪽으로 마냥 달리고 있다."(「아름다운 질주」)고 고백한 바 있다. 이번 시집과 산문집을 아울러 소박하게 '시인의 초상(肖像)' 한 장을 그려볼 수 있다. 시인의 사유, 혹은 시적 지향은 '정주(定住)'보다는 '질주(疾走)'를 꿈꾼다. 따라서 그의 정서는 언제나 '아쉬움'과 '그리움'이 교차되는 지점에서 더 또렷하게 영근다. 그 결과 '표현'은 시인의 '자아'를 억지로 기입(記入)하는 것이 아니라 '대상'의 소리를 읽어내는 것, 즉 '교감(交感)'을 통해 획득되는 특징을 지닌다.

오늘, 나무의자에 앉아
나를 닮은 이파리 하나 보고 있다
이파리는 나를 보고

나는 이파리를 바라보고 있다
가늘고 긴 눈빛이 오가는 동안
보이지 않은 나무 끝에서 파란 불똥이 튕긴다
순간 불똥은 회오리바람을 일으키며
누군가를 감싸 날아간다
저렇게 날아가다 보면 어느 먼 하늘 숲에 가 닿을까
호수가 오늘처럼 맑은 날은
나무 밑에 놀다가 훌쩍 여행 떠나기 좋은 날인데
발밑에 다가선 이파리 하나
보이지 않는 나를 바라보고 있다
흔들리지 않을 만큼 흔들리고 있다
나를 닮은 이파리 하나

—「나무의자」 전문

이번 시집의 일반적인 '정서'라 할 수 있는 '아쉬움'과 '그리움'이 위의 작품에서는 잘 드러나지 않는다. 작품 앞머리에 '오늘'이라는 '시제'가 강력하게 '현실성'을 강조하면서, 이는 마찬가지로 '나무의자'라는 공간적 소구와 더불어 시인에게 오직 대상(이파리)에게만 집중할 수 있는 '배경'을 조성했기 때문이다. 그랬기에 "이파리는 나를 보고/나는 이파리를 바라보고 있다"는 설정이 가능하다. 그러나 이 시선의 교환은 결코 '조응(照應)'의 상태가 아니다. '가늘고 긴 눈빛이 오가는 동안'이란 표현은 '동화(同化)'보다는 '긴장(緊張)'의 상태로 읽히고, 그 끝에서 '파란 불똥'이 일어나기 때문이다. 그렇지만 작품 후반부, "보이지 않는 나를 바라보고 있다/흔들리지 않을 만큼 흔들리고 있다"는 데 이르러서 자아와 대상은 서로의 염원을 바꿔 느끼는 완벽한 '조응' 상태로 들어선다. "보이지 않는 나/흔들리고 있다"와 "바라보고 있다/흔들리지 않음"이 상응할 수 있다면, 이 은유는 '자아/대상'의 관계를 시적 진술로 풀어낸 좋은 본보기가 될 것이다.

지향하는 '세계상'의 차이에도 불구하고, 시가 결국 인생(자아)과 세계(사회와 현실)와 자연(우주)에 대한 창조적 이해의 산물임에는 의심의 여지가 없다. 더불어 모든 시가 그 기원에서부터 '주관적, 심리적' 기제에 의지하고 있음을 이해한다면, 다른 이해보다도 '자기 이해'가 모든 시작 활동의 중심에 놓일 수밖에 없음도 자명하다. 따라서 한 시집의 전체적인 면모를 그려보기 위해서 '자아 → 세계(공동체, 시대) → 자연(우주)'으로 시각을 이동하면서 사유를 확장하는 방법이 가장 자연스러울 것이다. 박후식 시인의 이번 시집, 『흐르는 강』도 이 방법으로 충실히 '감상'이 가능하다. 다만 이 글에서는 편의상 순서를 바꾸고자 한다. 하지만 시인의 '순환적 사유'가 거의 모든 작품에 녹아 있으므로, 시간적 거리의 원근이나 공간적 규모의 크기는 그리 문제되지 않을지도 모른다.

2.

일반적으로 '한계상황'이란 '죽음, 고독, 불안'과 같은 정신적 범주의 극한을 의미한다. 그렇지만 '욕망하며 살아 있는' 존재에게 '한계상황'은 자신의 의지와 힘으로는 어찌해볼 수 없지만, 순순히 수긍할 수도 없는 동시대, 현실의 사회, 즉 '우리'라는 이름이 거부감 없이 통용될 수 있는 '공동체'라 할 수 있다. 박후식 시인은 이런 인식의 일단을 예의 군더더기 없는 이미지와 진술을 통해 '생생하게' 보여주고 있다.

너도 그렇게 기다리며 있었구나

10월이 오면
금강산 만경다리에서 만난
이름 모를 할머니…

—「10월이 오면」 부분

문화는 달라도 애비는 같지 않느냐
언제까지 싸우며 엉뚱한 살해를 꿈꾸어야 하느냐

굴뚝자본 넘보며 싸우기만 할 것이냐

—「우리 같이 가자」 부분

우리의 먼 곳에서
굶어 죽어가는 불쌍한 소년의
끔벅이는 머릇빛 그 눈물을 보았는가
그리고 부모를 살해한, 그 못난
돈의 무섭고 어두운 우리의 말세를 보았는가
우리는 어디쯤 가고 있는가

—「눈물」 부분

언제부터 '생생하다(vivid)'는 어휘가 끔찍하고 잔혹한 현실을 수식하게 되었는지 잘 모르겠다. 한 가지 확실한 건, 이 경우 대부분의 '원인제공자'는 문면 아래나 문맥 사이에 숨고, '가해-피해자'의 모습만 선명하게 드러난다는 것이다. 하지만, 이번 시집의 작품들에는 제3의 목소리가 개입하고 있다. 시적 화자의 목소리임에 분명한데, 화제에 따라 적절한 분노와 안타까움의 정서를 환기한다. 더불어 독자를 향해 '-있었구나', '-할 것이냐', '-는가' 등의 어미를 활용해 공감의 깊이 심화를 기대하고 있다. 분단과 세대 갈등, 경제적 양극화와 같은 제 현상들은 하나의 공통점을 갖고 있다. 그것은 인간 존재에 대한 본질

적 불신에 기초하고 있다는 것이다. 하지만 박후식 시인은 "이 세상 어쩌려나, 저리만 자꾸 꼬여 가니/거기 뉘 없소/우리 좀 살려주시오"라고 '세상타령'을 하면서도 어떤 '희망'의 끈을 쉽게 놓아버리지 못한다.

가난한 연인들이 근린공원
나무 밑에 앉아 있다
노란 단풍잎을 밟고 금방 나와 있다
2011년의 늦가을이었다
어쩌자고 세상은 자꾸 어렵게만 갈까
가난한 연인들, 벤치에 앉아 서로를 기대고 있다
어찌 귀엽고 아름답지 않으랴

—「가난한 연인들」 부분

시인에게 '생활'이란 이 '가난한 연인'이 언제 저들만의 '전세방'이라도 마련할 수 있겠는가 하는 걱정이 앞서는 것이 현실이지만, '근린공원'에서 만난 연인을 바라보는 시인의 눈엔 그들이 '귀엽고 아름답'게만 보인다. 말을 바꾸면, "어쩌자고 세상은 자꾸 어렵게만 갈까"라는 한탄은 시인의 현실에 대한 이해지만, "어찌 귀엽고 아름답지 않으랴"라는 찬탄은 시인의 미래에 대한 긍정적 인식을 비유적으로 드러내고 있다. 더 나아가 시인의 '자의식'은 회

색 세태 앞에서 드러내기 어려운 '의문'을 솔직 당당하게 전면에 노출한다.

평생 너의 길을 걸으면서 걸어오면서
한번은 묻고 싶었다
소월의 눈물이
이상의 자의식이
천상병의 마지막 순수가
그리고 알 수 없는 무수한 별들의 부침이
무엇을 말해주고 있는지 묻고 싶었다
헐리고 쫓기고 갈 곳이 없는데도
네가 할 수 있는 일이 무엇이냐고 묻고 싶었다
한번은 묻고 싶었다

—「시의 바다」 부분

긍지가 없으면 환멸도 없다. 시인의 긍지는 "평생 너의 길을 걸으면서"라는 한 구절을 통해 선명하게 확인된다. 그 길에서 '눈물', '자의식', '순수'의 여러 협곡을 건넜음 또한 축약적으로 드러난다. 하지만 "헐리고 쫓기고 갈 곳이 없는데도/네가 할 수 있는 일이 무엇이냐"고 묻는 심정은 비통하다. 여기서 '너'는 시이면서 동시에 '시인' 자신일 것이다. '무수한 별들의 부침'을 읽어내는 시인의 눈이

'말세', '굴뚝자본'의 현실 앞에서 '안개' 아니 '황사'에 가로막혔을 때 진정 시인이 할 수 있는 일은 무엇이었을까? '눈물, 자의식, 순수'의 모진 협곡을 다 건너왔을 때, 시인은 「흐르는 강」으로 가 "뒤란을 돌아 나와//툇마루 앞에 서 있다//얼굴"(「도라지꽃」)이 '하얗게' 질릴 수밖에 없는 것은 아닌가?

글이란 결국 계기적이고 선형적이라는 한계를 갖는다. 자아-세계-자연을 마치 위계가 있는 것처럼 선후로 배치할 수밖에 없지만, 이는 표현을 위한 한 방편일 뿐이다. 실제에 있어서 우리가 느끼는 감정과 사유를 통한 이해는 이 모든 차원의 뒤섞임, 트렌드 용어로 '혼융'되어 있을 뿐이다.

3.

시집의 구성으로 본다면, 2부 '첫눈'에 수록된 작품들은 연대기적으로는 시인이 얼마나 말 그대로의 '자연'과 더불어 살았는가를 드러내면서, 표현에 있어서는 '자연'의 소리에 충직하게 귀 기울이려 했는가를 보여준다. 굳이 '자연'이라고 한정하는 이유는 '우주'란 아마도 '자연과 자아'가 결합되었을 때, 그 진면목을 보여줄 수 있으리라 믿기 때문이다. 박후식 시인은 이번 시집에서 기억과 현상이 결합된 '자연현상'과 현상과 희망이 호응하는 '심리상태'를 간결한 시어를 통해 '형상화'하고 있다.

먼저 전자의 시편들을 모아 보면 다음과 같다.

어디선가 걸어오는 소리
그 하얀
물안개 소리

—「물안개」 부분

어릴 적 고향 같다
물동이 우물길 같다

—「첫눈」 부분

오를수록 맑아지고 맑을수록 커지는
그 눈을 알게 된다

—「산천어」 부분

겨울 귀뚜리가 울고 있다
혼자 울다가
등잔 밑에 가서 잠이 든다

—「굴뚝」 부분

이밖에도 「억새풀」, 「아침까치」 등의 작품과 이미지가 드러나는 작품들이 여럿 있다. '고향'에 대한 시인들의 반응은 언제나 '양가적(兩價的)'일 수밖에 없다. 그곳은 '떠나야 하는 곳'이면서 동시에 언젠가는 '돌아가야 할 곳'인 것이다. 오죽하면 시인 릴케는 고향을 떠나지 않으면 시를 쓸 수 없다고 했고, 헤르만 헤세는 모든 시 쓰기는 단지 고향으로 돌아가는 과정에 불과하다고 했겠는가. 이번 시집에서 박후식 시인은 '고향'을 전면적으로 드러내기보다는 유추, 상상할 수 있는 공간으로 암시하고 있다. '물안개'가 피어나고, '첫눈'이 유년의 우물길처럼 순백이고, "산이 좋아/산에서 사는 것을/물이 좋아/물에서 사는 것을 알게"되는 것처럼 불가항력이 작용하는 곳이라는 점을, 그리고 '겨울 귀뚜라미'가 우는 정겨운 곳으로 되살려내고 있다.

그러나 시인은 이런 되살림이 '순환'에 대한 인식에서 비롯한 것이 아니라 단지 어떤 '기억'의 편린(片鱗)들에 대한 '향수(鄕愁)'일 뿐임을 잘 알고 있다. '기억'과 '향수'가 부정적 정서일리는 만무하다. 그러나 누군가 '흐르는', 즉 그것이 일회적 지나침을 의미하지 않고 '순환'하는 자연을 염두에 둔다면, '고임', '정체(停滯)'를 의미할지도 모르는 이러한 정서적 기울기는 경계할 필요가 있을 것이다.

겨울나무 가지에서
아침 내내 매미가 울고 있다

간밤에 봄비가 귓속을 후비더니
나뭇가지에 옹이가 풀렸을까

산간엔 아직도 폭설이 내리고
아우성소리는 계곡을 타고 흐르는데

아, 어디선가
봄의 울음소리…

창밖 길 건너엔 하얀 목련이
꽃상여를 타고 내려서고 있다

—「이명(耳鳴)」 전문

이 작품을 일차적 상징으로 읽어보면 '겨울/아침'의 대립은 '봄의 울음'을 불러오고, '봄비/옹이'는 '목련=꽃상여'의 이미지를 생기(生起)한다. 시인에게 있어 '봄비', '하얀 목련'처럼 일반적 의미의 '생명'의 상징은 '옹이', '꽃상여'처럼 '죽음'을 넘어서는 무엇이 된다. 문제는 '서로가 작용하고 있다'는 점이다. "귓속을 후비"다나 "타고 내려"선다라는 표현처럼 그저 선후의 시간적 변화에 따라 자리를 내어주고 물려받는 것이 아니라 직접적인 행동을 통해 '자연'마저 자기 순서를 점유하고, 누리고, 다시 소멸한다는 것을 이 작품은 함축적으로 보여준다. 비약하자면, '시인' 또한 그러한 존재임을 '이명', 즉 존재의 내부에서 이 모든 사태가 일어나고 있다고 느낀다는 점에서 동시에 보여주고 있다.

4.

자아, 특히 '시적 자아'는 그 정의가 매우 광범위하고 까다롭다. 일반론을 하나 세운다면, '기억과 욕망'에 근거한 '무엇'이라고 할 수 있다. 이마저도 엄청난 '개념'과 이론적 '층위'들을 가로질러야만 그 타당성을 조금이나마 인정받을 것이다. 시인은 앞에 인용한 산문집에서 "질주든 무너짐이든 아름다운 행려(行旅)에는 언제나 아쉬움이 그 안에 숨어 있다. 누군들 아쉬움이 없으랴만, 그렇다고 그 아쉬움을 피해갈 사람도 없다. 비가 내린다. 나는 그 가랑비에 섞여 먼 산을 본다. 생각하면 질주든 무너짐이든 그것은 하나의 선상에 있다."고 '시론' 아닌 시론을 폈다. 필자는 '자아→사회→우주'로 향하는 모든 '지향'이 하나의 '흐름', 일회적으로 지나가는 것이 아닌 반드시 돌아오는 흐름, 즉 '순환'에 대한 '이해'라고 썼다. 이 둘을 다시 종합하면 박후식 시인은 '변화 속에서 불변하는 것'을 읽어내는, '흐름(현상)'을 뛰어넘어 '원리(본질)'를 찾으려는 '아름다운 질주'의 존재라 할 수 있다.

여행은 도랑물을
건너서 온다
우리 집 찾아왔다가
돌아가는 달

어느 먼 서역의 황야에서
모두가 잠든 뒤
혼자 눈물 머금고 떠 있으면서도
내색하지 않는 것을
나는 안다

새벽의 하얀 조각달이듯이
타고 남은 샛별이듯이 그렇게 사는 것을 나는 안다

바이칼 호에
떠 있는 달처럼
여행은

파란 도랑물을 건너서 온다

—「달빛여행」 전문

주지의 사실이지만, '달'처럼 인류에게 풍부한 상징적 의미를 제공하는 대상도 없을 것이다. 이번 시집의 경우에는 3부가 '달빛여행'이라는 부제 아래 갈무리되어 있다. 그러나 이런 시 외적인 '사실'을 떠나 박후식 시인에게 있어 '달'의 상징성을 읽어보고자 한다.

먼저 인용 작품의 외연만을 읽어 본다. 첫 연에서 '달'은 '여행하는 달'이다. '도랑물'을 건너서 온다. 이때 '물'과 '달'이 동시에 '흐름'을 상징한다. 반면에 둘째 연의 달은 '황야'에 '서역의 황야'에 떠 있다. '서역의 황야'는 일천한 상상력으로 '고비'거나 '타클라마칸' 같은 사막을 유비한다. 결국 여기의 '달'은 '불모성(흐를 수 없음)'으로 인해 홀로 '눈물(흐름의 대체)'을 흘린다. 그러나 '내색'하지 않는다. '대모신'으로서의 성질이 표현되어 있다. 셋째 연에서는 '하얀 조각달'이 등장한다. 여기서 '하얀 조각달'은 '타고 남은 샛별'이라는 부수적 '매재(vehicle)'항을 거느리면서, '사는 것' 즉 인생을 비유한다. 마지막 연에는 '바이칼 호'가 등장하면서 '여행'의 의미가 바뀐다. '파란 도랑물'을 건너서 '여행'이 온다.

박후식 시인의 '달'은 어떤 의미로 '형상화'된 것인가?

달의 일반적 상징은, 소략하면 형태상 자기소멸과 재생을 나타낸다. 위상적으로는 해와 대비되는 것으로 '여성', 또는 상대적 '어둠'을 뜻한다. 신화적으로는 '비→풍요→여성→뱀→죽음→주기적 재생'이라는 순환구조를 보여준다. 아마도 위에 인용한 작품도 이런 측면의 해석이 가능할 것이다.

박후식 시인의 『흐르는 강』은 '자아'와 '대상' 간의 긴장을 놓치지 않으면서 '고향'으로 대변되는 인간의 '원초적 향수'를 '자아-사회-자연'이라는 층위에 구애받지 않고 '형상화'하는 '시적 가치'를 드러냈다. 뿐만 아니라, 시인의 '순환적 사유'가 그 어떤 철학이나 종교에 의지하기보다는 시인의 '자연체험'을 통해 '발바닥'에서 '귓속'까지 '몸'으로 깨닫고 또 그렇게 시적 자산(資産)으로 변화시켰다는 데에 큰 의미를 둘 수 있을 것이다. 하지만 무엇보다도 다음의 작품처럼 시인의 목소리가 '동시대'의 경종이 될 수 있다는 점에서 이 시집은 큰 미덕이 될 것이다.

살다보면 속보이는 사람 말고

속없이도 그냥 아름다운 사람 어디 없을까

허물이 있어 더 귀한 사람 그런 사람 없을까

윗가지만 챙기는 사람 말고

목이 좋아 목을 지키는 사람은 더 말고

바보처럼 살아가는 울타리 같은 사람

그런 사람 어디 없을까

—「어디 없을까」 전문

문학의전당 시인선 148

흐르는 강

초판 1쇄 인쇄 2013년 2월 4일
초판 1쇄 발행 2013년 2월 12일
지은이 박후식
펴낸이 김석봉
디자인 조동욱
펴낸곳 문학의전당
출판등록 제311-2012-000043호
주소 서울시 은평구 연서로11길 7-5 401호
편집실 서울시 마포구 공덕2동 404 풍림VIP빌딩 413호
전화 02-852-1977
팩스 02-852-1978
블로그 http://blog.naver.com/mhjd2003
전자우편 sbpoem@hanmail.net

ISBN 978-89-98096-20-5 03810